# BEI GRIN MACHT SICH IHR WISSEN BEZAHLT

AF167145

- Wir veröffentlichen Ihre Hausarbeit,
  Bachelor- und Masterarbeit

- Ihr eigenes eBook und Buch -
  weltweit in allen wichtigen Shops

- Verdienen Sie an jedem Verkauf

Jetzt bei www.GRIN.com hochladen
und kostenlos publizieren

# Einführung eines ERP-Systems in Unternehmen. Potenziale, Risiken, Erfahrungsberichte und Empfehlungen

Alexander Lenttner

**Bibliografische Information der Deutschen Nationalbibliothek:**

Die Deutsche Nationalbibliothek verzeichnet diese Publikation in der Deutschen Nationalbibliografie; detaillierte bibliografische Daten sind im Internet über http://dnb.d-nb.de abrufbar.

ISBN: 9783346842053
Dieses Buch ist auch als E-Book erhältlich.

© GRIN Publishing GmbH
Nymphenburger Straße 86
80636 München

Druck und Bindung: Books on Demand GmbH, Norderstedt Germany
Gedruckt auf säurefreiem Papier aus verantwortungsvollen Quellen

Das Buch bei GRIN: https://www.grin.com/document/1340062

Wirtschaftsingenieurwesen B.Eng-Maschinenbau-Techniker/in

DIPLOMA Hochschule

Private Fachhochschule Nordhessen

# Analyse der Einführung eines ERP-Systems in Unternehmen

**Wirtschaftsinformatik**

**Hausarbeit**

eingereicht von

Alexander Lenttner

Abgabe: 23.12.2022

# Inhaltsverzeichnis

# Abbildungsverzeichnis

## Abkürzungsverzeichnis

| | |
|---|---|
| BDE | Betriebsdatenerfassung |
| bzw. | beziehungsweise |
| ebd. | ebenda |
| ERP | Enterprise Resource Planning |
| IT | Informationstechnologie |
| KMU | Kleine und mittlere Unternehmen |
| MRP | Material Resource Planning |
| MRP II | Manufacturing Resource Planning |
| o. D. | ohne Datum |
| o. S. | ohne Seite |
| PPS | Produktionsplanung und Steuerung |
| R&D | Research & Development |
| SCM | Supply Chain Management |
| usw. | und so weiter |
| vgl. | vergleiche |
| z.B. | zum Beispiel |

# 1 Einleitung

Die Digitalisierung schreitet ununterbrochen voran. Durch diesen stetigen technischen Fortschritt herrschen heutzutage immer mehr Anforderungen an Unternehmen, die geprägt sind durch hohen Wettbewerbsdruck und fortschreitende Globalisierung. Um sich als Unternehmen auch zukünftig auf dem weltweiten Markt behaupten zu können, müssen Erfolgspotentiale durch strategische Maßnahmen verbessert und Prozesse optimiert werden, indem eine reibungslose Verbindung der Abteilungen sowie Arbeitsabläufe besteht und der Informationsfluss gewährleistet ist.[1] Dies stellt nicht nur Herausforderungen dar, sondern bietet vor allem auch bisher ungeahnte Chancen. Und um dies zu gewährleisten zählen ERP-Systeme zu den bedeutsamsten IT-Entwicklungen der vergangenen Jahrzehnte.[2] Durch Ihre Vorteile für viele Unternehmen steigt die Anzahl der ERP-Einführungen seit der Entstehung in den 1970er Jahren weltweit rasant an und man kann von einem herkömmlichen Planen und Überwachen auf dem Papier in ein System umsteigen, welches ermöglicht fast jeden Ablauf innerhalb eines Unternehmens digital darzustellen.

## 1.1 Problembeschreibung

Durch den rasanten Fortschritt der Digitalisierung haben Unternehmen ohne ERP-Systeme immer mehr Schwierigkeiten auf dem Markt mithalten zu können, da sie auf Grund von fehlender genauer Planung und hohen Planungskosten zu unwirtschaftlich arbeiten. Des Weiteren besitzen sie ohne ausgereifte Planungsinstrumente wenig Übersicht zur Kapazitätsplanung, Materialwirtschaft, Fertigungsrouten sowie Auswärtsfertigungen und schaffen durch analoge Arbeitsweisen hohe Personalkosten. Durch die immer mehr wachsende Wirtschafts- und

---

[1] Vgl. Laudon K. C., Laudon J. P., Schoder 2010: 479.

[2] Vgl. Booth, Matolcsy, Wieder 2000: 5.

Wettbewerbskraft aus anderen Ländern, z.B. China, haben vor allem Unternehmen in Deutschland immer größere Probleme mitzuhalten und verlieren den Anschluss am weltweiten Wettbewerb.

## 1.2 Forschungsfrage

Viele Unternehmen stellen sich die Frage, ob ein ERP-System rentabel ist und sich der Aufwand einer Implementierung lohnt. Es müssen Risiken abgewägt werden, verbunden mit hohen Investitionskosten. Dem gegenüber stehen dennoch langfristige Vorteile. Da Einführungen von ERP-Systemen nicht risikofrei sind, soll das Ziel und Nutzen dahinter größer sein als der Aufwand und mögliche Risiken bewältigbar sein.[3] Denn eine bessere Übersichtlichkeit, Zuverlässigkeit sowie schnellere interne Abläufe gegenüber Wettbewerber bringt eine Erhöhung des Unternehmenserfolgs.[4]

## 1.3 Zielsetzung der Arbeit

Das Ziel dieser Arbeit ist die Einführung eines ERP-Systems in Unternehmen durch Literaturrecherchen zu analysieren. Es wird die Definition von ERP-Systemen, die historische Entwicklung sowie Berührungspunkte innerhalb eines Unternehmens dargestellt. Diese Arbeit soll zudem aufzeigen welchen Nutzen ein ERP-System für Unternehmen haben kann, aber auch mögliche Risiken und Herausforderungen die durch eine Einführung entstehen können. Viele Unternehmen arbeiten bereits mit ERP-Systemen, zu denen Erfahrungsberichte aufgezeigt werden. Zum Abschluss der Arbeit wird eine Zusammenfassung der Erkenntnisse offengelegt, Handlungsempfehlungen, eine kritische Reflexion sowie ein Ausblick in die Zukunft gegeben.

---

[3] Vgl. Leiting 2012: 2.

[4] Vgl. Vieweg et al. 2012: 147.

# 2 Theoretische Grundlagen

## 2.1 Definition ERP-System

Die Abkürzung ERP stammt von „Enterprise Resource Planning".[5] ERP-Systeme sind bausteinförmig aufgebaute Anwendungsprogramme, welche sämtliche wertschöpfenden Unternehmensbereiche sowie Prozesse abbilden und miteinander vernetzen.[6] Zu den Modulen gehören z.B. die Bereiche Materialwirtschaft, Produktion, Vertrieb, R&D, Personalwesen, Controlling usw.[7]

Abbildung 1: Involvierte Modulbereiche eines ERP-Systems[8]

Dadurch werden die wichtigsten Schnittstellen innerhalb eines Unternehmens verbunden und digital im Blick behalten, indem sie in einer zentralen Datenbank verarbeitet und gespeichert werden. Einen hohen Stellenwert besitzen ERP-Systeme vor allem durch ihre schnelle und zuverlässige Planung komplexer Prozesse, wodurch man jederzeit einen präzisen Überblick zu jedem einzelnen Vorgang hat und somit Möglichkeiten entsprechende Korrekturen anzustoßen.[9]

---

[5] Vgl. Klodt et al. 2018: o. S.

[6] Vgl. Mathieu 2014: 1.

[7] Vgl. Vahrenkamp, Siepermann 2018: o. S.

[8] Vgl. SOG Business-Software GmbH 2022: o. S.

[9] Vgl. Krauß 2018: o. S.

## 2.2 Historische Entwicklung des ERP-Systems

Die Entstehung von ERP-Systemen geht zurück bis in die 1960er Jahre. Zu dieser Zeit bis einschließlich der 1980er Jahre entwickelten Unternehmen selbstständig Software, die nur auf ihre Bedürfnisse zugeschnitten war. Mit entsprechender Software konnte die Übertragung von Dokumenten auf Lochkarten durch das „batch"-Verfahren realisiert und anschließend in Rechenzentren verwertet werden.[10] Die Anwendung solcher Systeme fand man früher dennoch nur in großen internationalen Konzernen, da diese bereits über eine hoch entwickelte IT-Infrastruktur verfügten. Die am meist verwendeten Systeme waren MRP-Systeme und man plante ausschließlich Produktionsmaterialien, z.B. Rohstoffe und Halbzeuge. Ein Jahrzehnt später entstand philosophisch der Begriff MRP II, wodurch man die Bezeichnung in „Manufacturing Resource Planning" abänderte und somit mehr Planungsmöglichkeiten durch Zunahme von Menschen und Maschinen hatte.[11] Seither gab es durchgehend Softwareentwicklungen, wodurch Bereiche wie SCM und auch klein- und mittelständische Unternehmen von Standardlösungen profitieren können.[12] Durch Integrationen und Schnittstellenherstellung zu weiteren Unternehmensbereichen bzw. Systemen entstand philosophisch schließlich der Begriff des ERP-Systems.[13] Mit der Zeit des Internets entstand Cloud ERP, bei dem sich die Software nicht mehr in unternehmensinternen Serverräumen befindet, sondern über eine Cloud abrufbar gemacht wird.[14]

---

[10] Vgl. Schönsleben 2016: 380.

[11] Vgl. Osterhage 2014: 3.

[12] Vgl. Schönsleben 2016: 380.

[13] Vgl. Osterhage 2014: 4.

[14] Vgl. Weber 2021: o. S.

## 2.3 Übersicht ERP-System Anbieter

Bei der Auswahl eines geeigneten ERP-Systems haben Unternehmen, alleine auf dem deutschen Markt, eine sehr große Auswahl aus ungefähr 600 verschiedenen Software-Produkten[15]. Es sind Anbieter vertreten, die mit ihren Systemlösungen fast alle Bedürfnisse eines Unternehmens abdecken können und somit die Mehrheit des Marktanteils besitzen, aber auch Anbieter mit Entwicklung von Sonderlösungen oder mittelständischen und Kleinunternehmen als Zielgruppe. Aufgrund der großen Anzahl an ERP-Anbietern und den vielen Anforderungen an Funktionen ist der Markt für potenzielle Kunden dennoch sehr unüberschaubar.[16] Es gibt viele Kriterien und Unterschiede zwischen ERP-Systemen, welche Abbildung 2 aufzeigt.

Abbildung 2: Differenzierung des ERP-Marktes[17]

---

[15] Vgl. Gronau 2021: o. S.

[16] Vgl. ebd.: o. S.

[17] Vgl. ebd.: o. S.

### 2.3.1 ERP-Konzernlösungen

SAP besitzt bei ERP-Standardlösungen von allen Anbietern den größten Marktanteil.[18] Mit ihren Systemlösungen bietet SAP viele Möglichkeiten für Unternehmen interne Abläufe digital dazustellen. Vor allem Großkonzerne entscheiden sich für ein ERP-System von SAP.

Das US-amerikanische Unternehmen Oracle gehört wie auch SAP zu den ERP-Anbietern für Großunternehmen und bietet weitreichende Systemlösungen für jeden Unternehmensbereich an. Vor allem für ihr Cloud-ERP-System gewinnt das Unternehmen immer mehr Kunden.

### 2.3.2 ERP-Systeme für kleine und mittelständische Unternehmen (KMU)

Infor und Microsoft zielen mit ihren Systemlösungen neben Großkonzernen auch auf mittelständische und Kleinunternehmen. Mit ihrem Infor COM ERP-System hat Infor zudem eine Systemlösung auf den Markt gebracht, durch die sich unterschiedliche Fertigungstypen zusammen kombinieren lassen, z.B. Kleinserien, Varianten oder Serienfertigung.

Neben diesen beiden Anbietern gibt es mit Sage, einen weiteren Wettbewerber auf dem Markt für kleine und mittelständische Unternehmen. Vor allem Firmen mit bis zu 100 Mitarbeitern wird die cloud-basierte Lösung von Sage angeboten.[19]

### 2.3.3 ERP-Sonderlösungen

Mit ams.erp. stellt das Unternehmen AMS ein ERP-System zur Verfügung, welches für spezielle Anforderungen der Einzel-, Auftrags- und Variantenfertigung zugschnitten ist, hauptsächlich für mittelständische Firmen. Kernkompetenzen lassen sich zum Beispiel im Anlagen- oder Schiffbau sehen.

---

[18] Vgl. Abts, Mülder 2017: 232.

[19] Vgl. Hensel, Witmer-Goßner 2021: o. S.

# 3 Analyse der Einführung eines ERP-System

## 3.1 Nutzen eines ERP-Systems

Durch den ständig anwachsenden Wettbewerbsdruck sind Unternehmen immer mehr gezwungen kostengünstiger und effektiver zu produzieren um nach wie vor wettbewerbsfähig bleiben zu können. Diese Herausforderungen zu bewältigen liegt in den Aufgaben der ERP-Systeme. Mit entsprechenden Modulen können Übersichten sowie bessere Planbarkeiten, vor allem in den Bereichen Kapazitätsplanung und Materialwirtschaft geschaffen werden.[20] Durch das ursprüngliche „Planen auf dem Papier" hatte man selten einen genauen Überblick über verfügbare Kapazitäten und immer wieder ungewollte Pufferzeiten zwischen Aufträgen bzw. Arbeitsschritten, die nicht genutzt wurden und somit erhöhte Durchlaufzeiten entstanden. Mit Hilfe eines ERP-Systems und der damit verbundenen digitalen Darstellung des exakten Angebots und Bedarfs an Arbeitsstunden ermöglicht dies eine genauere und effizientere Planung. Die Wichtigkeit dieser beiden Module sieht man anhand Abbildung 3, in der ersichtlich wird, dass Industrieunternehmen einen großen Wert auf digitale Materialwirtschaft und PPS im eigenen Betrieb legen.

Abbildung 3: Meist genutzte ERP-Module in deutschen Industriebetrieben ab 50 Mitarbeitern[21]

---

[20] Vgl. Ellmann 2019: 23.

[21] Vgl. Abts, Mülder 2017: 233.

Mitarbeiter müssen durch Hilfe von ERP-Systemen nicht mehr lange Excellisten führen oder Aufträge in Papierform an Auftragswände hängen, sondern haben alles digital auf einem Bildschirm dargestellt. Dies bringt dem Unternehmen viel Zeitersparnis, was verbunden ist mit der Reduzierung von Personalkosten. Zudem werden Fehlerquellen stark reduziert. Aufgrund dessen sind ERP-Systeme auch sogenannte Powertools der Geschäftsführung. Diese geben ihnen und dem Controlling einen zuverlässigen Überblick, z.B. zu Lieferantenkosten, Umsatz pro Kunde oder individuelle Leistungsdaten der Mitarbeiter[22] und können in diesem Fall früh agieren und bei einem negativen Trend Maßnahmen zur Optimierung einleiten.

Ein weiterer Vorteil von ERP-Systemen ist die Optimierung der Liefertermintreue, welche für den Erhalt von Kundenaufträgen sowie Akquisition neuer Kunden fundamental wichtig ist. Durch eine präzisere Darstellung der benötigten und verfügbaren Arbeitsstunden kann der Vertrieb in Absprache mit der Arbeitsvorbereitung genauere und zuverlässigere Liefertermine anbieten. Oft können Lieferzeiten sogar optimiert werden, was zu deutlich größeren Chancen gegenüber der Konkurrenz führen kann.

Viele Unternehmen haben immer noch Probleme ihre Arbeitsabläufe zu standardisieren. Mit Hilfe von ERP-Systemen können Stücklisten, Arbeitspläne und Zeichnungen mit Produkten bzw. Fertigungsaufträgen verknüpft und direkt vor dem Anstempeln eines Auftrages abgerufen werden. Zudem kann durch das Modul BDE jeder einzelne Arbeitsschritt zeitlich erfasst werden, indem die Produktionsmitarbeiter zu Beginn einer Arbeitsfolge an einem Terminal anstempeln und nach Fertigstellung diese im System wiederum fertigmelden. Dies gibt der Arbeitsvorbereitung die Möglichkeiten zur Anpassung der Zeiten für zukünftige Aufträge, aber auch zur Optimierung, Fehlersuche und damit verbundene Kosteneinsparungen.

---

[22] Vgl. Österreichischer Wirtschaftsverlag GmbH 2022: o. S.

Neben der Optimierung auf sachlicher und wirtschaftlicher Ebene wirkt sich die Einführung eines ERP-Systems auch positiv auf Mitarbeiter aus. Vertriebsmitarbeiter haben eine genauere Übersicht zu Kundenaufträgen, offene Anfragen oder Kommunikation mit der Arbeitsvorbereitung. Die Produktion kann durch eine digitalisierte und übersichtliche Planung in Echtzeit flexibler arbeiten und Serviceabteilungen haben die Möglichkeit durch Anschluss zwischen Anlagen und ERP-System frühzeitig Daten zu entnehmen und Wartungsarbeiten im Voraus zu planen.[23] Wie auch im Vertrieb hat der Einkauf durch die Digitalisierung deutlich mehr Möglichkeiten ihre Aufgaben zu kontrollieren. Durch Module wie Lieferantenportale wird jeder Zulieferer im System dokumentiert, zudem wird die Kommunikation schneller und unkomplizierter. Dadurch entsteht eine höhere Flexibilität, Transparenz sowie verbesserte Reaktionszeiten, was sich anschließend positiv auf die Wettbewerbsfähigkeit des Unternehmens auswirkt.[24]

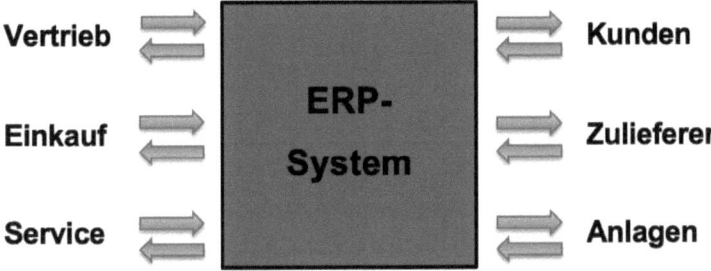

Abbildung 4: Transparente und einfache Kommunikation über ERP-Systeme[25]

Durch die stetig voranschreitende Digitalisierung wird eine Einführung von ERP-Systemen in kleinen und mittelständischen Betrieben immer sinnvoller. Deshalb steigt das Interesse von Anbietern sich in diesem Marktsegment durchzusetzen

---

[23] Vgl. Hießl 2017: o. S.

[24] Vgl. REMIRA Group GmbH 2022: o. S.

[25] Eigene Darstellung

und den eigenen Marktanteil zu erhöhen.[26] Durch den modularen Aufbau eines Systems ergibt sich die Möglichkeit nur benötigte Bausteine zu implementieren und somit bereits Optimierungen zu erzeugen und gleichzeitig die Kosten im Rahmen zu halten.[27] Diese Vorteile spürt vor allem der Sondermaschinenbau, da dieser selten auf Standardsoftware zugreifen kann. Durch kontinuierliche Anpassungen von Produkten während des Herstellungsprozesses muss der zeitliche Ablauf von Konstruktion, Beschaffung und Fertigung parallel erfolgen und dies durch ERP-Sonderlösungen ermöglicht werden.[28]

Weitere Vorteile bieten ERP-Systeme aus der Cloud. Diese flexiblen Lösungen nehmen speziell bei kleinen und mittelständischen Unternehmen an Popularität zu. Es fallen geringere Kosten an, man hat eine schnellere Implementierung und der Aufwand dahinter ist geringer, da die Verantwortung für Wartung und Systemaktualisierungen bei dem Cloud-Anbieter liegt.[29]

## 3.2 Nachteile

ERP-Systeme bieten Unternehmen seit Jahrzehnten viele neue Möglichkeiten zur Optimierung interner Abläufe sowie der eigenen Geschäftsergebnisse, doch immer noch fragen sich viele Betriebe, ob sich eine Einführung für sie lohnt. Denn unausgereifte Strategien und Umsetzungsphasen können viele unerwartete Probleme mit sich bringen. Das System muss von den Mitarbeitern angenommen werden. Ein ERP-System zeigt erst einen Nutzen, wenn es täglich angewendet und akzeptiert wird.[30] Außerdem haben Arbeitnehmer oftmals Bedenken, sie könnten durch Automatisierungen ihren Arbeitsplatz verlieren und sehen deshalb

---

[26] Vgl. Hesseler, Görtz 2007: 54.

[27] Vgl. Köninger 2022: o. S.

[28] Vgl. Pothen 2022: o. S.

[29] Vgl. Tüzün et al. 2018: o. S.

[30] Vgl. Hießl 2017: o. S.

einen negativen Effekt dahinter.[31] Der finanzielle Aspekt spielt eine weitere aus-schlaggebende Rolle bei der Entscheidung über eine Einführung, da hohe Imple-mentierungskosten anfallen sowie jährliche Instandhaltungen und Kosten für Softwareaktualisierungen.[32] Zudem sind die komplexen Voraussetzungen an die IT-Infrastruktur bei der Einführung eines ERP-Systems sehr kostenbindend[33], bei denen es oftmals in kleinen und mittelständischen Betrieben zu Budgetüber-schreitungen kommen kann[34]. Zu den finanziellen Herausforderungen kommen in den meisten Fällen Schulungen, da viele Mitarbeiter unterschiedliche ERP-Vorkenntnisse besitzen bzw. noch nie damit in Berührung kamen. Diese Schu-lungen nehmen vor allem sehr viel Zeit in Anspruch und es muss sichergestellt werden, dass Mitarbeiter kontinuierlich motiviert sind und sich nach Abschluss der Implementierung weiterhin mit dem System beschäftigen.[35] Im äußersten Notfall müssen Positionen mit vielen ERP-Verantwortlichkeiten intern neubesetzt oder kostspielige externe Berater herangezogen werden.

### 3.3 Erfahrungsberichte aus Unternehmen

### 3.3.1 ERP-Einführung Transnova-RUF GmbH

Mit der Entwicklung und Fertigung von automatisierten Endverpackungsmaschi-nen für End-of-Line Verpackungs- und Palettierprozesse zählt Transnova RUF Verpackungs- und Palettiertechnik GmbH zu den Marktführern in der Endverpa-ckungsbranche[36] und beschäftigt ungefähr 250 Mitarbeiter[37]. Um das Arbeiten mit Word und Excel abzulösen wurde für die Einführung eines ERP-Systems von

---

[31] Vgl. Hießl 2017: o. S.

[32] Vgl. Schneider, Weißenberger 2017: 30.

[33] Vgl. Grobman 2008: 7.

[34] Vgl. ebd.: 7.

[35] Vgl. ap Verlag 2020: o. S.

[36] Vgl. Podieh 2021: o. S.

[37] Vgl. Transnova RUF Verpackungs- und Palettiertechnik GmbH 2022: o. S.

ams.erp entschieden, welches im Jahr 2010 effizient in die Einzelfertigung des Unternehmens implementiert wurde.[38] Durch die Anwendung des Systems konnte Transnova RUF gesteckte Geschäftsziele erreichen, einen Wachstum und eine Steigerung der Effizienz verzeichnen und kam zu dem Ergebnis, dass ohne einem ERP-System Unternehmensziele und eine durchgehende Firmenentwicklung nicht realisierbar gewesen wäre.[39] Zu den Optimierungen zählt Transnova RUF beispielsweise den besseren Umgang mit wachsenden Stücklisten, was die ams.Solution AG bereits als Standard anbieten kann.[40] Zudem wurde der Zeitaufwand verbunden mit Personalkosten im Einkauf stark verringert[41] und ein digitalisiertes Stempeln von Fertigungsaufträgen brachte technische sowie zeitliche Optimierungen in der Produktion[42]. Andererseits konnte eine komplette Ausschöpfung des Systempotentials nicht realisiert werden, da der Aufwand der Umprogrammierung standardisierter Prozesse zu groß war und in Sonderfällen Excel als Alternativlösung für das ERP-System weiterhin verwendet wurde.[43]

### 3.3.2 MDC Max Daetwyler AG

Das international tätige Maschinenbau-Unternehmen MDC Max Daetwyler AG entwickelt, produziert und wartet in der Schweiz Anlagen für den Tiefdruck.[44] Durch fehlende digitalisierte Abläufe, hohe Komplexität von Prozessen und An-

---

[38] Vgl. ams.Solution AG o.D.: 3.

[39] Vgl. ebd.: 4.

[40] Vgl. ebd.: 5.

[41] Vgl. ebd.: 5.

[42] Vgl. ebd.: 9.

[43] Vgl. ebd.: 4f.

[44] Vgl. Infor 2020: 1.

forderungen an genaueren Herstellungskalkulationen wurde das ERP-System In-for COM eingeführt.[45] Durch manuelle und analoge Arbeitsweisen gestalteten sich interne Abläufe sehr umständlich und zeitaufwändig, sodass es für das Un-ternehmen schwierig war einen genauen Überblick zu behalten.[46] Durch die Im-plementierung des ERP-Systems konnte die MDC Max Daetwyler AG sämtliche internen Prozesse abbilden und ist nun in der Lage durch Digitalisierung effekti-ver und effizienter zu arbeiten.[47]

# 4 Schlussteil

## 4.1 Zusammenfassung gewonnener Erkenntnisse

Die fortschreitende Digitalisierung bietet Unternehmen durch ERP-Systeme im-mer mehr Möglichkeiten. Eine zuverlässigere und schnellere Planung von Kapa-zitäten und Materialwirtschaft wird geschaffen und somit eine steigende Wirt-schaftlichkeit. Der positive Einfluss auf Mitarbeiter, Geschäftsführung und Kun-den durch digitalisierte und somit vereinfachte Arbeitsabläufe zählt mit zu den Vorteilen von ERP-Systemen. Durch kundenspezifische Systemlösungen, Cloud-ERP und der Möglichkeit zum modularen Aufbau können auch KMU sowie Sonder- und Einzelfertigungen entsprechende Systeme anwenden und wirt-schaftlicher produzieren.

Herausforderungen bestehen in den hohen finanziellen Investitionen, Zeitauf-wand und Einfluss durch Mitarbeiter. Abwägungen, da digitale Systemlösungen in Sonderfällen nicht auf das komplette Unternehmen und seine Funktionsbere-che anwendbar sind, müssen ebenso beachtet werden.

---

[45] Vgl. Infor 2020: 2.

[46] Vgl. ebd.: 2.

[47] Vgl. ebd.: 3.

## 4.2 Handlungsempfehlungen

Unternehmen müssen sich vor der Einführung eines ERP-Systems neben den Nutzen ebenfalls über Risiken und Herausforderungen während und nach der Implementierung im Klaren sein. Eine sichere Planung sowie verantwortliche Projektteams sind Voraussetzung, damit ein solches Projekt funktioniert. Außerdem müssen alle Mitarbeiter eines Unternehmens mit einbezogen werden, da ein System nur dann sinnvoll ist, wenn es akzeptiert wird.

## 4.3 Kritische Reflexion

ERP-Systeme sind nicht für jedes Unternehmen funktional. Viele Betriebe haben bereits standardisierte Abläufe, die nicht digitalisiert werden können oder der Aufwand dahinter zu groß wäre. Für sehr kleine Unternehmen macht eine digitalisierte Lösung wenig Sinn, da der Planungsaufwand und Personalkosten bereits gering sind und andererseits die Implementierungskosten dementsprechend hoch.

## 4.4 Ausblick

Mit zunehmender Digitalisierung werden ERP-Systeme für Unternehmen immer wichtiger um weiterhin auf dem Markt mithalten zu können. Ob jedes Unternehmen zukünftig auf digitale Lösungen umsteigen wird ist ungewiss. Fest steht, das durch ausgereifte und genaue Planungs- und Einführungsphasen ERP-Systeme für viele Unternehmen ein Erfolg werden können.

## Literaturverzeichnis

*Abts, D.; Mülder, W.* (2017): Grundkurs Wirtschaftsinformatik: Eine kompakte und praxisorientierte Einführung, 9., erweiterte und aktualisierte Auflage, Wiesbaden: Springer Vieweg Verlag

*Grobman, J.* (2008): ERP-Systeme On Demand: Chance, Risiken, Anforderungen, Trends, Hamburg: Diplomica Verlag

*Hesseler, M.; Görtz, M.* (2007): Basiswissen ERP-Systeme: Auswahl, Einführung & Einsatz betriebswirtschaftlicher Standardsoftware, Herdecke, Witten: W3L

*Laudon, K.C.; Laudon, J.P.; Schoder, D.* (2010): Wirtschaftsinformatik – Eine Einführung, 2. aktualisierte Auflage, München: Pearson Studium

*Leiting, A.* (2012): Unternehmensziel ERP-Einführung: IT muss Nutzen stiften, Wiesbaden: Springer Gabler Verlag

*Mathieu, M.* (2014): Aufgabenbezogene Leistung in ERP-gestützten Arbeitsprozessen: Eine empirische Analyse am Beispiel der dispositiven Auftragsbearbeitung, Wiesbaden: Springer Gabler Verlag

*Osterhage, W.* (2014): ERP-Kompendium: Eine Evaluierung von Enterprise Resource Planning Systemen, Berlin Heidelberg: Springer Vieweg Verlag

*Schönsleben, P.* (2016): Integrales Logistikmanagement: Operations und Supply Chain Management innerhalb des Unternehmens und unternehmensübergreifend, 7., bearbeitete und erweiterte Auflage, Berlin Heidelberg: Springer Vieweg Verlag

*Vieweg, I.; Werner, C.; Wagner, K.; Hüttl, T.; Backin, D.* (2012): Einführung Wirtschaftsinformatik: IT-Grundwissen für Studium und Praxis, Wiesbaden: Springer Gabler Verlag

### Internetquellen

*ams.Solution AG* (o. D.): Anwenderbericht: Rückkehr zum ERP-Standard beschleunigt „Design-to-order" - Prozess. URL: https://www.ams-erp.com/blog/portfolio/transnova-ruf-verpackungs-und-palettiertechnik-gmbh/ [Zugriff am 23.12.2022]

*ap Verlag* (2020): Die Vor- und Nachteile der ERP-Software für Unternehmen. URL: https://ap-verlag.de/die-vor-und-nachteile-der-erp-software-fuer-unternehmen/62354/ [Zugriff am 23.12.2022]

*Gronau, N.* (2021): Der Markt für ERP-Systeme. URL: https://erp-management.de/themen/erp-auswahl/artikel/der-markt-fuer-erp-systeme/ [Zugriff am 23.12.2022]

*Hensel, M.; Witmer-Goßner, E.* (2021): Sage ERP geht an den Start. URL: https://www.cloudcomputing-insider.de/sage-erp-geht-an-den-start-a-1066170/ [Zugriff am 23.12.2022]

*Hießl, W.* (2017): Projektmanagement: Ein ERP-System muss auch den Mitarbeitern nutzen – sonst droht Widerstand. URL: https://www.applus-erp.de/ressourcen/blog/erp-software-muss-allen-nutzen/ [Zugriff am 23.12.2022]

*Infor (Deutschland) GmbH* (2020): Anwenderbericht: MDC Max Daetwyler AG. URL: https://webassets.infor.com/resources/Case-Studies/MDC-Max-Daetwyler-AG-German.pdf?v=1584723794&_ga=2.174125729.2037585068.1660211526245834122.1660211526&_gac=1.250332850.1660211529.EAIaIQobChMIt6eI7sG--QIVK4ODBx2tKwq5EAAYASAAEgJwfPD_BwE [Zugriff am 23.12.2022]

*Klodt, H.; Lackes, R.; Siepermann, M.; Klein, M.; Eggert, W.; Minter, S.* (2018): ERP. URL: https://wirtschaftslexikon.gabler.de/definition/erp-32375/version-255918 [Zugriff am 23.12.2022]

*Köninger, A.* (2022): ERP-Funktionalitäten für Produzenten: Robustes Rückgrat, nicht überladen. URL: https://www.it-production.com/produktionsmanagement/robustes-rueckgrat-nicht-ueberladen/ [Zugriff am 23.12.2022]

*Krauß, M.* (2018): Enterprise-Resource-Planning (ERP) – Definition, Arten und Vorteile. URL: https://www.maschinenmarkt.vogel.de/enterprise-resource-planning-erp-definition-arten-und-vorteile-a-779630/ [Zugriff am 23.12.2022]

*Österreichischer Wirtschaftsverlag* (2022): Mit ERP-Software schneller wachsen. URL: https://www.die-wirtschaft.at/meldungen/mit-erp-software-schneller-wachsen-49286 [Zugriff am 23.12.2022]

*Podieh, S.* (2021): Transnova-Ruf liefert Anlage zum Verpacken von Batterien. URL: https://www.neue-verpackung.de/non-food-chemie/transnova-ruf-liefert-anlage-zum-verpacken-von-batterien-504.html [Zugriff am 23.12.2022]

*Pothen, F.* (2022): ERP-Lösung im Sondermaschinenbau: So steuert die Software alle wertschöpfenden Prozesse. URL: https://www.digital-manufacturing-magazin.de/erp-loesung-im-sondermaschinenbau-so-steuert-die-software-alle-wertschoepfenden-prozesse/ [Zugriff am 23.12.2022]

*REMIRA Group GmbH* (2022): So bleiben KMU trotz Materialengpässen handlungsfähig. URL: https://de.eas-mag.digital/so-bleiben-kmu-trotz-materialengpaessen-handlungsfaehig/ [Zugriff am 23.12.2022]

*SOG Business-Software GmbH* (2022): URL: https://www.sog.de/glossar/modular-aufgebaute-erp-loesung/ [Zugriff am 23.12.2022]

*Transnova RUF Verpackungs- und Palettiertechnik GmbH* (2022): URL: https://www.transnova-ruf.de/de/unternehmen.html [Zugriff am 23.12.2022]

*Tüzün, E.; Sauer, J.; Norkus, O.* (2018): ERP-Lösungen aus der Cloud: Eine Entscheidungshilfe zur Auswahl. URL: https://erp-management.de/themen/erp-auswahl/artikel/erp-loesungen-aus-der-cloud/ [Zugriff am 23.12.2022]

*Vahrenkamp, R.; Siepermann, C.* (2018): Enterprise-Resource-Planning-System. URL: https://wirtschaftslexikon.gabler.de/definition/enterprise-resource-planning-system-51587/version-274748 [Zugriff am 23.12.2022]

*Weber, M.* (2021): Was ist ein ERP-System?. URL: https://de.eas-mag.digital/was-ist-ein-erp-system/ [Zugriff am 23.12.2022]

## Zeitschriftenartikel

*Booth, P.; Matolcsy, Z.; Wieder, B.* (2000): The Impacts of Enterprise Resource Planning Systems on Accounting Practice: The Australian Experience. In: Australian Accounting Review. Jg. 10, H. 3, 4-18.

*Schneider, F.; Weißenberger, B.E.* (2017): Rechnet sich die Einführung von ERP-Systemen. In: Controlling: Zeitschrift für erfolgsorientierte Unternehmenssteuerung. Jg. 29, H. 5, S. 28-35.

## Studienhefte

*Ellmann, M.* (2019): Begleitheft Grundkurs Wirtschaftsinformatik, Studienheft Nr. 979, Bad Sooden-Allendorf: Diploma Hochschule

# BEI GRIN MACHT SICH IHR WISSEN BEZAHLT

- Wir veröffentlichen Ihre Hausarbeit, Bachelor- und Masterarbeit

- Ihr eigenes eBook und Buch - weltweit in allen wichtigen Shops

- Verdienen Sie an jedem Verkauf

## Jetzt bei www.GRIN.com hochladen und kostenlos publizieren